Caderno de
atividades

NOME: _____

TURMA: _____

ESCOLA: _____
_____

Sumário

QUEM SOU 3
LOCALIZAR OBJETOS E PESSOAS 4
A MORADIA 9
O ENDEREÇO 12
TIPOS DE MORADIA 17
A SALA DE AULA 26
A escola 32
Dependências da escola 38
Profissionais da escola 40
O trânsito 41
Ruas e quarteirões 53

Ilustrações: Alan Carlos Barbosa, Daniel de Paula Elias, Francis Yoshida de Mattos, José Ângelo Góes Mattei Júnior, José Segura Garcia Junior, Luciano Costa de Oliveira, Marcelo de Almeida, Marcos Diego dos Santos, Mateus Galhardo Grizante, Mouses Sagiorato Prado, Paulo Sérgio Fritoli.

Atividades: Material originalmente publicado por Sistema de Ensino Ético.

QUEM SOU

1. OBSERVE OS QUADRINHOS.

A) ONDE ESTÃO OS GAROTOS DA TIRINHA?

_____

B) ONDE VOCÊ ENCONTROU ESSA INFORMAÇÃO?

_____

_____

C) QUAIS SÃO AS TRANSFORMAÇÕES QUE ACONTECEM COM AS CRIANÇAS DA TIRINHA?

_____

D) QUAIS SÃO AS MUDANÇAS FÍSICAS QUE AS PESSOAS APRESENTAM DURANTE A VIDA?

_____

_____

LOCALIZAR OBJETOS E PESSOAS

2. CINCO MENINAS APOSTARAM UMA CORRIDA. A VENCEDORA USA BLUSA LISTRADA, NÃO É A MENINA MAIS ALTA E ESTÁ USANDO SAIA ESCURA.

CAMILA   ANA   BIA   CAROL   LIA

A) MARQUE A VENCEDORA.

B) QUEM ESTÁ À ESQUERDA DA VENCEDORA?

☐ CAROL   ☐ LIA   ☐ ANA

C) QUEM ESTÁ À DIREITA DE CAROL?

☐ BIA   ☐ CAMILA   ☐ LIA

D) QUEM ESTÁ À ESQUERDA DE BIA E À DIREITA DE LIA?

3. OS DOIS QUADROS POSSUEM DESENHOS DIFERENTES, MAS UM DELES SE REPETE.

■ CIRCULE O DESENHO QUE APARECE NOS DOIS QUADROS.

4. NO QUADRO AS IMAGENS ESTÃO DUPLICADAS, MAS APENAS UMA APARECE UMA VEZ SÓ.

■ CIRCULE A IMAGEM QUE NÃO SE REPETE.

5. OBSERVE A IMAGEM.

SÁBADO À NOITE, DE W. DICKES, 1880.

■ RESPONDA ÀS PERGUNTAS QUE DESCREVEM A PINTURA.

A) QUANTAS PESSOAS APARECEM NA IMAGEM?

_____

B) O QUE FAZ CADA PESSOA RETRATADA?

_____

_____

C) O QUE CHAMA SUA ATENÇÃO NA ILUMINAÇÃO DA CENA?

_____

_____

6. AS CRIANÇAS ACORDARAM E, COMO O DIA ESTAVA BONITO, SAÍRAM PARA BRINCAR.
DESCUBRA O NOME DE CADA UMA DELAS SEGUINDO AS PISTAS.

- CAMILA ESTÁ ANDANDO DE BICICLETA.
- EDUARDO ESTÁ COM AS MÃOS PARA TRÁS.
- JOAQUIM NÃO USA BONÉ E ESTÁ COM UMA CAMISETA LISTRADA.
- BEATRIZ ESTÁ COM REX AO SEU LADO.
- EVANDRO É O ÚNICO QUE NÃO ESTÁ EM PÉ.
- PEDRO VESTE CAMISA ESTAMPADA.

7. RELACIONE O PONTO DE VISTA COM A LEGENDA.

  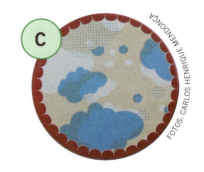

 VISTA DE FRENTE.

☐ VISTA DE FRENTE E DO ALTO.

☐ VISTA DO ALTO.

8. OBSERVE AS IMAGENS E ENCONTRE OS 7 ERROS.

A MORADIA

9. LEIA O TEXTO.

A CASA

ERA UMA CASA
MUITO ENGRAÇADA
NÃO TINHA TETO
NÃO TINHA NADA
NINGUÉM PODIA
ENTRAR NELA NÃO
PORQUE NA CASA
NÃO TINHA CHÃO
NINGUÉM PODIA
DORMIR NA REDE
PORQUE NA CASA
NÃO TINHA PAREDE
NINGUÉM PODIA
FAZER PIPI
PORQUE PENICO
NÃO TINHA ALI
MAS ERA FEITA
COM MUITO ESMERO
NA RUA DOS BOBOS
NÚMERO ZERO.

A CASA. VINICIUS DE MORAES. *A ARCA DE NOÉ*. RIO DE JANEIRO: POLYGRAM, 1980.

A) COMO É A CASA DO POEMA?

___

B) É POSSÍVEL VIVER NESSA CASA? POR QUÊ?

___

___

10. HÁ VÁRIAS MANEIRAS DE REPRESENTARMOS UMA CASA: OLHANDO-A DE FRENTE, DE LADO E DO ALTO E DE CIMA PARA BAIXO. VEJA OS DESENHOS A SEGUIR.

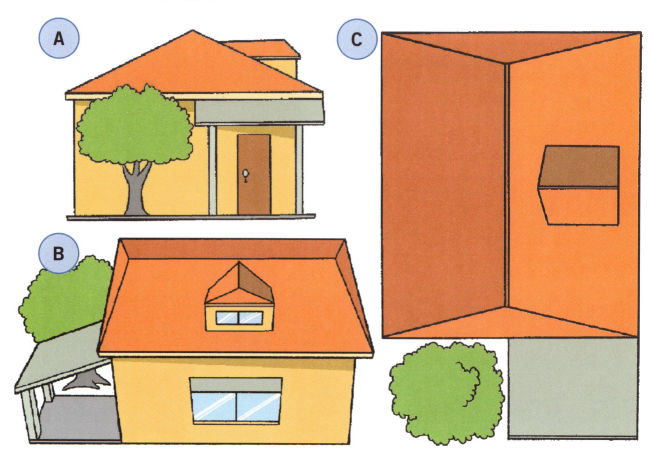

■ COMPARANDO ESSAS MANEIRAS DE REPRESENTAÇÃO DE UMA CASA, O QUE VOCÊ OBSERVA EM CADA UMA?

A) DE FRENTE: _____

B) DE LADO E DO ALTO: _____

C) DE CIMA PARA BAIXO: _____

11. OBSERVE O DESENHO. ELE MOSTRA UMA CASA VISTA DO ALTO, MAS SEM O TELHADO.

■ ESCREVA, NA FRENTE DOS NÚMEROS CORRESPONDENTES, O CÔMODO DA CASA QUE VOCÊ RECONHECE NO DESENHO.

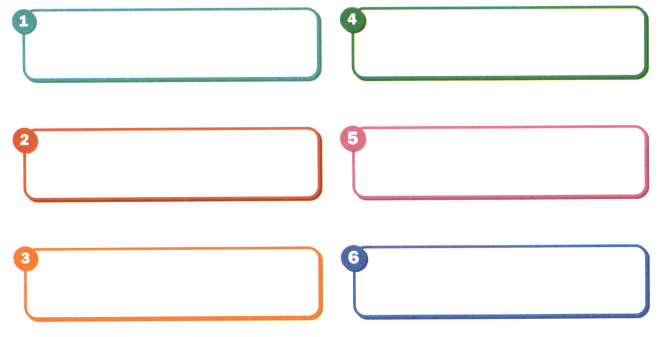

O ENDEREÇO

12. LEIA O TEXTO.

O carteiro

Manhã cedo segue a marcha
sempre na mesma cadência
e lá vai de caixa em caixa
metendo a correspondência
para uns são alegrias
para outros tristezas são
o carteiro não tem culpa
é a sua profissão.

António Mafra

O CARTEIRO. CONJUNTO ANTÓNIO MAFRA.

■ QUE TIPO DE CORRESPONDÊNCIA O CARTEIRO TRAZ NO SEU ENDEREÇO?

_____

_____

13. PARA QUE O CARTEIRO POSSA ENTREGAR QUALQUER UMA DESSAS CORRESPONDÊNCIAS, É PRECISO QUE O ENVELOPE TRAGA ALGUMAS INFORMAÇÕES. DESCUBRA QUE INFORMAÇÕES SÃO ESSAS.

14. AS INFORMAÇÕES ACIMA COMPÕEM UM ENDEREÇO.

AGORA, ESCREVA O SEU ENDEREÇO.

15. VÍTOR ADORA ESCREVER CARTAS. OUTRO DIA, ELE ESCREVEU UMA CARTA PARA UM AMIGO QUE ELE NÃO VÊ FAZ MUITO TEMPO. ARTUR SE MUDOU COM A FAMÍLIA PARA OUTRA CIDADE NO ANO PASSADO. VEJA COMO VÍTOR COLOCOU O ENDEREÇO DO ARTUR NO ENVELOPE. AH! OLHE SÓ A FOTO QUE ELE MANDOU COM A CARTA!

■ QUE TAL AJUDAR O CARTEIRO A ENCONTRAR A RUA E A CASA DO ARTUR PARA LHE ENTREGAR A CARTA? O CARTEIRO ESTÁ PARADO NO CRUZAMENTO DA RUA DO PICA-PAU COM A RUA DOS ALECRINS. OBSERVE A REPRESENTAÇÃO DA PÁGINA AO LADO E MARQUE COM LÁPIS DE COR DOIS CAMINHOS POSSÍVEIS.

AGORA, ESCOLHA UM DOS CAMINHOS QUE VOCÊ ASSINALOU E GUIE O CARTEIRO POR ELE.

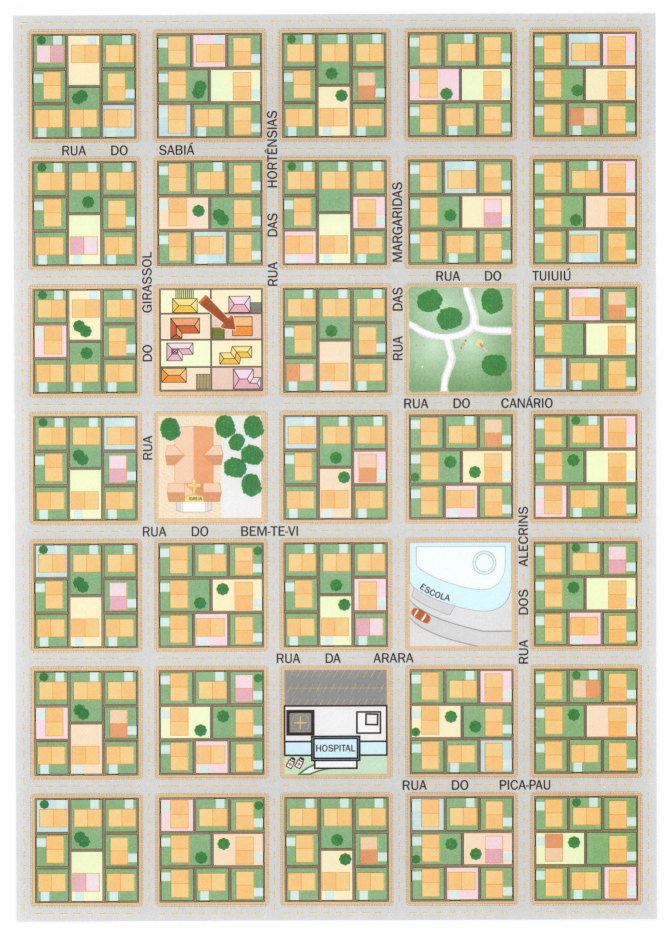

16. COMPLETE AS FRASES.

A) ARTUR MORA NO QUARTEIRÃO ENTRE A RUA DO _____, A RUA DO _____, A RUA DAS _____ E A RUA DO _____.

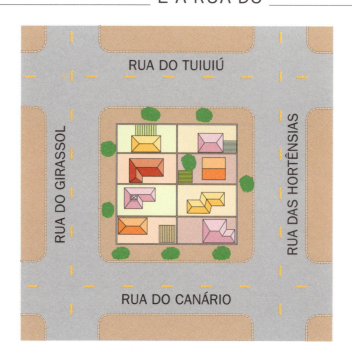

B) SE VOCÊ MORA EM UMA CIDADE, A RUA EM QUE ESTÁ SUA CASA FAZ PARTE DE UM _____.

C) GERALMENTE, O QUARTEIRÃO É CERCADO POR _____.

VISTA AÉREA DE QUADRAS DA CIDADE DE ÁGUA BOA, NO ESTADO DE MATO GROSSO.

TIPOS DE MORADIA

17. LEIA O TEXTO.

MORADIA

LÁ
ONDE EU QUERO PLANTAR E MORAR
MORA NOITE, MORA DIA
NO CANTO DA COTOVIA
FICO SÓ A SONHAR
DE UM DIA TER O MEU TETO
MESMO QUE NÃO SEJA DE ARQUITETO
DE BARRO, DE SONHO... SÓ UM LAR!

TEXTO ELABORADO POR BERTOLIVIER PARA ESTE MATERIAL.

O POETA INICIA SEU POEMA COM OS VERSOS:

> "LÁ
> ONDE EU QUERO PLANTAR E MORAR"

■ ONDE VOCÊ ACHA QUE FICA ESSE LUGAR?

☐ NO CENTRO DA CIDADE   ☐ NO CAMPO

☐ NAS MONTANHAS   ☐ NA PRAIA

18. LEIA O TEXTO.

A RUA DO MARCELO

NA MINHA RUA TEM UMA PORÇÃO DE CASAS E PRÉDIOS. TEM CASAS QUE SERVEM PARA MORAR, TEM OUTRAS QUE SERVEM PARA TRABALHAR. QUANDO OS PRÉDIOS SERVEM PARA MORAR, CHAMAM-SE PRÉDIOS DE APARTAMENTOS.

NA MINHA OPINIÃO, ESSES PRÉDIOS DEVIAM SE CHAMAR EMPILHAMENTOS, PORQUE SÃO UMA PORÇÃO DE CASAS EMPILHADAS UMAS EM CIMA DAS OUTRAS.

NA MINHA RUA TEM CASAS TÉRREAS, QUE SÃO CASAS BAIXINHAS COMO A DA TEREZINHA. E TEM CASAS ALTAS, COMO A DO CATAPIMBA, QUE TEM ESCADA DENTRO E CHAMA SOBRADO. E TEM A CASA DO ZECA, QUE FICA EM CIMA DA PADARIA. E TEM O PRÉDIO ONDE MORA O ALVINHO, QUE É BEM ALTO E ATÉ TEM ELEVADOR. TEM CASAS QUE FICAM BEM JUNTO DA CALÇADA E OUTRAS QUE FICAM LÁ NO FUNDO E TEM JARDIM NA FRENTE, COMO A CASA DA TEREZINHA. E TEM UMAS QUE TÊM UM ESPAÇO GRANDE NOS FUNDOS, QUE SE CHAMA QUINTAL, COMO A CASA DO CATAPIMBA.

[...]

E NA MINHA RUA TEM A MINHA CASA. MINHA CASA NÃO É GRANDE NEM PEQUENA E TEM UM JARDIM NA FRENTE COM OUTRA CASA DENTRO: A CASA DO MEU CACHORRO, O LATILDO!

NA MINHA RUA TEM MUITOS AMIGOS E A GENTE GOSTA MUITO DE BRINCAR, UNS NA CASA DOS OUTROS.

UM DIA, SE VOCÊ PASSAR LÁ PERTO, VENHA CONHECER A MINHA RUA!

RUTH ROCHA. *A RUA DO MARCELO*. SÃO PAULO: SALAMANDRA, 2001. (SÉRIE MARCELO, MARMELO, MARTELO.) P. 16.

A) MARCELO ACHA QUE OS PRÉDIOS DE APARTAMENTOS DEVERIAM SE CHAMAR EMPILHAMENTOS, POIS:

☐ TÊM MUITA BAGUNÇA.

☐ ELE ACHA QUE OS PRÉDIOS SÃO CASAS UMAS EM CIMA DAS OUTRAS.

B) FAÇA A CORRESPONDÊNCIA, NUMERANDO A 2ª COLUNA DE ACORDO COM A 1ª.

MORADOR	TIPO DE MORADIA
1 - TEREZINHA	○ SOBRADO
2 - CATAPIMBA	○ CASA TÉRREA
3 - ALVINHO	○ PRÉDIO
4 - MARCELO	○ CASA NEM GRANDE NEM PEQUENA

19. O TIPO DE CONSTRUÇÃO É DETERMINADO, MUITAS VEZES, PELO CLIMA DO LUGAR EM QUE AS PESSOAS VIVEM, PELOS MATERIAIS DISPONÍVEIS NO LUGAR E PELA RENDA QUE AS PESSOAS TÊM.

OBSERVE AS CASAS A SEGUIR E LEIA COM ATENÇÃO AS LEGENDAS PARA VER DO QUE CADA UMA É FEITA.

NA ÁFRICA, HÁ CASAS FEITAS DE BARRO E PALHA.

NA SUÍÇA, HÁ CASAS DE CHÃO DE PEDRA E PAREDE DE MADEIRA.

A TENDA NÔMADE É FEITA DE TECIDO ESTENDIDO ENTRE MASTROS E PRESO AO CHÃO POR ESTACAS.

HÁ CASAS INDÍGENAS FEITAS COM FOLHAS DE PALMEIRA.

O IGLU É UMA CASA ARREDONDADA FEITA DE BLOCOS DE GELO ONDE MORAM OS INUITS.

■ VAMOS PROCURAR NO DIAGRAMA ALGUNS DOS MATERIAIS EMPREGADOS NAS CONSTRUÇÕES DAS PÁGINAS ANTERIORES. QUANDO ENCONTRAR A PALAVRA, PINTE DE:

◻ AZUL O MATERIAL USADO NA CONSTRUÇÃO DA TENDA NÔMADE;

◻ LARANJA OS MATERIAIS USADOS NA CONSTRUÇÃO SUÍÇA;

◻ VERDE-CLARO OS MATERIAIS USADOS NA CONSTRUÇÃO AFRICANA;

◻ PRETO O MATERIAL USADO NA CONSTRUÇÃO DO IGLU;

◻ AMARELO O MATERIAL USADO NA CONSTRUÇÃO DA CASA INDÍGENA.

B	L	O	C	O	D	E	G	E	L	O	F	U	Q	G	E	Ç
A	V	F	E	N	P	A	L	H	A	P	N	C	S	O	W	A
C	E	D	G	M	M	R	C	E	C	Q	W	V	T	X	B	I
D	M	A	D	E	I	R	A	V	A	U	E	F	K	M	R	L
E	F	J	U	A	K	S	D	F	F	Z	X	C	V	B	M	K
C	H	Y	P	Q	R	W	E	H	R	T	Y	U	I	O	O	M
V	Y	I	W	Ç	O	L	K	Y	J	H	G	B	A	R	R	O
S	Q	Q	T	Y	V	U	I	Q	O	P	M	N	B	X	V	H
J	W	M	O	D	U	D	E	W	B	P	A	N	O	V	F	D
T	P	E	D	R	A	M	Z	P	C	V	B	F	R	W	F	N
D	R	N	E	D	X	F	G	R	H	J	R	K	M	D	N	Y
F	O	L	H	A	D	E	P	A	L	M	E	I	R	A	T	R
D	U	Q	J	R	M	T	H	U	S	B	J	I	P	Ç	A	Q

20. VAMOS AJUDAR O ABARÉ A ENCONTRAR OS MATERIAIS NA NATUREZA PARA CONSTRUIR SUA OCA?

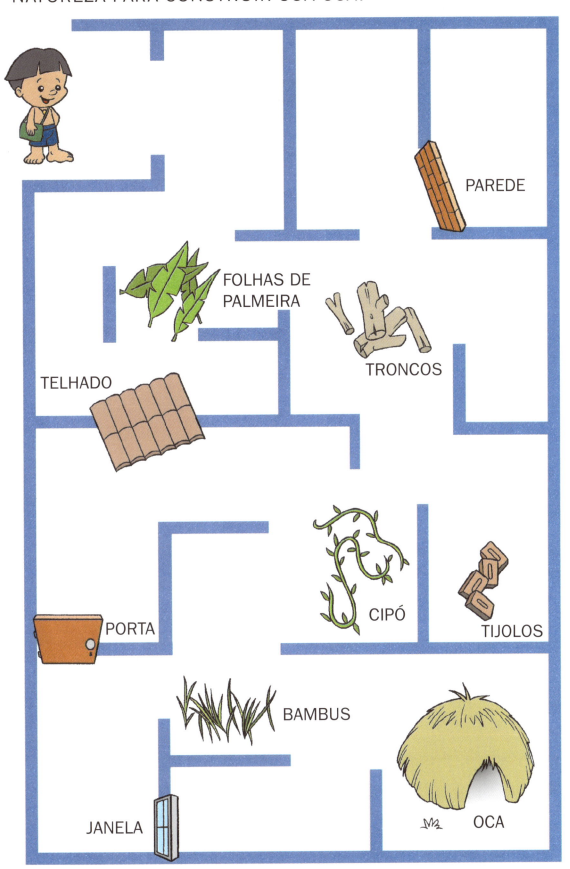

21. VAMOS DESCOBRIR DE QUE MATERIAIS ESTA CASA É FEITA. PARA ISSO, RELACIONE CADA NÚMERO QUE APARECE NA CASA COM O NOME DO MATERIAL.

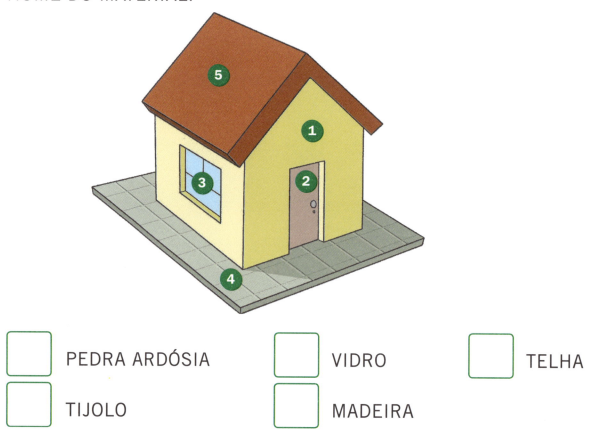

☐ PEDRA ARDÓSIA   ☐ VIDRO   ☐ TELHA

☐ TIJOLO   ☐ MADEIRA

22. PARA A CONSTRUÇÃO DA CASA EM QUE VIVEMOS, FORAM NECESSÁRIOS DIVERSOS MATERIAIS E O TRABALHO DE MUITAS PESSOAS. QUE TAL DESCOBRIR QUEM SÃO ESSES TRABALHADORES? PARA ISSO, OBSERVE, A SEGUIR, CADA SÍMBOLO E A LETRA CORRESPONDENTE.

■ AGORA, PREENCHA OS QUADRADOS COM AS LETRAS QUE CORRESPONDEM A CADA SÍMBOLO E DESCUBRA O QUE ESTÁ ESCRITO.

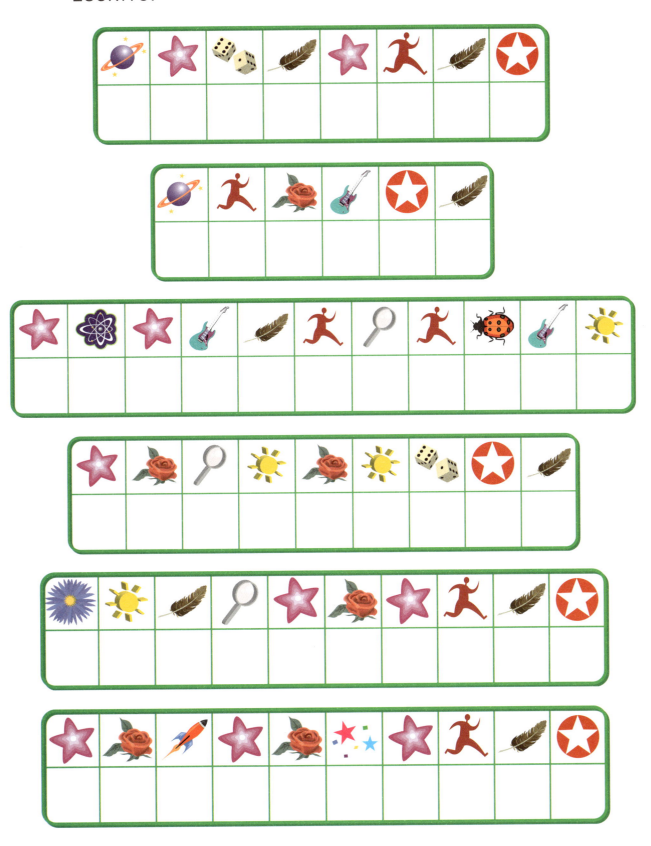

A SALA DE AULA

23. LEIA O TEXTO.

ERA ASSIM: PRIMEIRO A GENTE FORMAVA UMA FILONA, UM EMPURRANDO O OUTRO. A GENTE SE AMONTOAVA PRA CONSEGUIR UM LUGAR NA FRENTE. UNS ATÉ ENCOLHIAM OS OMBROS PRA FICAR MENORES DE TAMANHO.

— MENORES NA FRENTE, MAIORES ATRÁS. VAMOS ESTICAR O BRAÇO DIREITO PARA MANTER A DISTÂNCIA! — DONA VITÓRIA PEDIA.

DAÍ A GENTE ESTICAVA O BRAÇO DIREITO E COLOCAVA NO OMBRO DO COLEGA QUE ESTAVA NA FRENTE.

PRONTO. O SINAL TOCAVA E ENTRÁVAMOS NA CLASSE.

EU CORRIA PRA COLOCAR O MEU SAQUINHO DE LANCHE NA PRATELEIRA. MINHA MÃE COLOCAVA BOLACHA MAISENA COM MANTEIGA, UMA MAÇÃ E SUCO. NÃO GOSTAVA QUANDO ELA MANDAVA PÃO COM BIFE. A CARNE FICAVA FRIA, DURA E ESCAPULIA DO PÃO.

DONA VITÓRIA ENTRAVA RAPIDINHO E JÁ IA DANDO UM SORRISO ENORME, GOSTOSO. ABRIA AS JANELAS E DEIXAVA AQUELE SOL BOM DE DAR SONO ENTRAR PELO MEIO DAS CORTINAS DE PANO. E LÁ VINHAM MAIS LETRAS, NÚMEROS, ALGUMAS PALAVRAS DIFERENTES, MUITOS DESENHOS.

[...]

TELMA GUIMARÃES CASTRO ANDRADE. *A ALEGRIA DA CLASSE*. SÃO PAULO: ATUAL, 2007.

■ QUE ELEMENTOS DA SALA DE AULA APARECEM NO TEXTO E NA ILUSTRAÇÃO?

24. OBSERVE AS REPRESENTAÇÕES ABAIXO.

■ RELACIONE AS FRASES A SEGUIR COM O QUE VOCÊ OBSERVA NESSAS REPRESENTAÇÕES. ASSINALE COM UM **X**.

	A	B
EU VEJO A PAREDE.	☐	☐
EU VEJO A LOUSA DE FRENTE.	☐	☐
EU VEJO O CHÃO.	☐	☐
EU VEJO A MENINA DE COSTAS.	☐	☐
EU VEJO A MENINA E A FOLHA DE PAPEL.	☐	☐
EU VEJO OS PÉS DA MENINA.	☐	☐
EU VEJO A MESA DE CIMA.	☐	☐

25. QUEM SE SENTA AO SEU REDOR NA SALA DE AULA?

ANTES DE RESPONDER A ESSA PERGUNTA, OBSERVE O DESENHO ABAIXO.

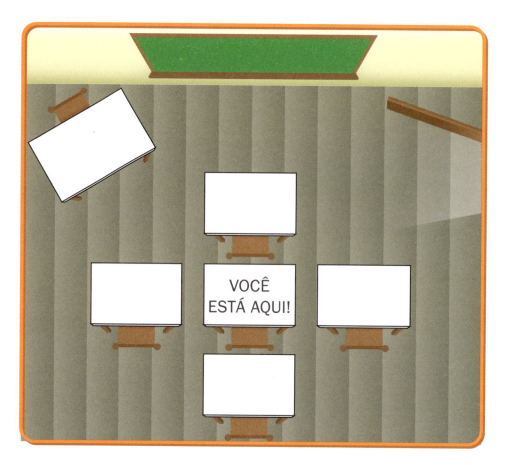

LEMBRE-SE: VOCÊ ESTÁ DE FRENTE PARA A LOUSA.

A) PINTE AS CARTEIRAS DO DESENHO ACIMA DE ACORDO COM A LEGENDA:

B) ESCREVA SEU NOME NA CARTEIRA INDICADA E, EM SEGUIDA, ESCREVA NAS OUTRAS CARTEIRAS:

• O NOME DO(A) COLEGA QUE ESTÁ À SUA FRENTE;

- O NOME DO(A) COLEGA QUE ESTÁ ATRÁS;

- O NOME DO(A) COLEGA QUE ESTÁ À SUA ESQUERDA;

- O NOME DO(A) COLEGA QUE ESTÁ À SUA DIREITA.

26. AGORA FIQUE EM PÉ, DIANTE DE SUA CARTEIRA, E VIRE-SE PARA O FUNDO DA SALA. SEUS COLEGAS PERMANECEM NO LUGAR EM QUE ESTÃO. ANOTE O NOME DO(A):

A) COLEGA QUE ESTÁ SENTADO(A) À SUA FRENTE;

B) COLEGA QUE ESTÁ SENTADO(A) DO SEU LADO ESQUERDO;

C) COLEGA QUE ESTÁ SENTADO(A) DO SEU LADO DIREITO;

D) COLEGA QUE ESTÁ SENTADO(A) ATRÁS DE VOCÊ.

27. COMPARE AS RESPOSTAS QUE VOCÊ ESCREVEU NA ATIVIDADE 25 COM AS RESPOSTAS DA ATIVIDADE 26. ELAS SÃO IGUAIS? POR QUÊ?

28. COMPARE AS FOTOGRAFIAS DA MESMA SALA DE AULA.

■ OBSERVE A CARTEIRA QUE TEM UMA MOCHILA ENCOSTADA NELA. EM QUAL DESSAS FOTOGRAFIAS VOCÊ CONSEGUE PERCEBER MAIS DETALHES? POR QUÊ?

---

29. RESOLVA A ADIVINHA.

O QUE É, O QUE É QUE, SEM ELE,
O LÁPIS, COITADO, FICA CEGO,
SURDO E MUDO.
UM LÁPIS ASSIM,
TANTO FAZ GRANDE OU MIÚDO,
NÃO DESENHA NEM ESCREVE,
NÃO FAZ CONTA, NEM TABUADA.
FICA ASSIM DESENXABIDO,
SEM JEITO, DESILUDIDO:
ELE, QUE ERA SABIDO,
AGORA NÃO SABE NADA.

RICARDO AZEVEDO. *MEU MATERIAL ESCOLAR*.
SÃO PAULO: QUINTETO
EDITORIAL, 2000.

RESPOSTA: _____

30. UM OBJETO PODE SER REPRESENTADO DE VÁRIAS MANEIRAS: VISTO DE CIMA, DE FRENTE, DE LADO, MAIS PRÓXIMO OU MAIS DISTANTE, PODENDO PARECER MAIOR OU MENOR, COM MAIS OU MENOS DETALHES.

■ VOCÊ JÁ DESCOBRIU QUAL É O OBJETO DA ADIVINHA? QUE TAL DESENHÁ-LO NOS QUADRICULADOS? REPRESENTE-O VISTO DE CIMA:
- O PRIMEIRO EM TAMANHO NATURAL;
- O SEGUNDO EM TAMANHO MENOR;
- O TERCEIRO EM TAMANHO MAIOR.

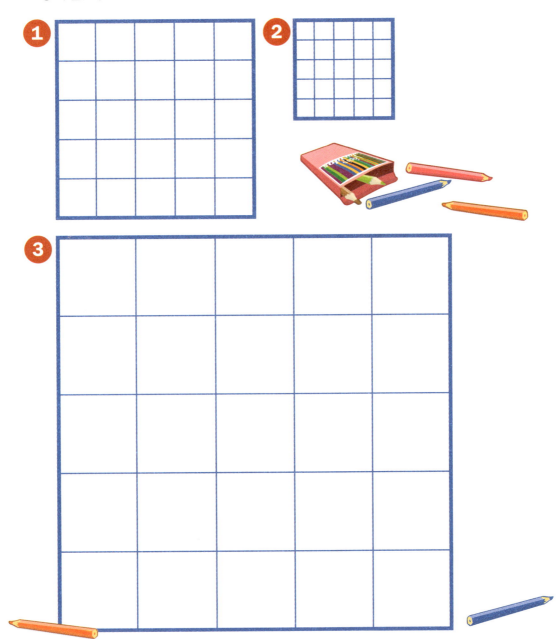

A escola

31. Leve o ônibus escolar até a escola pintando o caminho cuja soma é 12.

32. Veja os exemplos de duas atividades realizadas na escola.

■ Que atividades são essas?

33. Leia o texto.

A ESCOLA

Na minha escola
Tenho muitos amiguinhos.
Lá, estudamos com carinho.
Fazemos silêncio na hora da aula.

Mas é só tocar o intervalo
Para o barulho começar.
Brincamos com cuidado
Para ninguém se machucar.

Nossa professora querida
Ensina com paciência.
Ela parece uma menina crescida,
Canta com alegria.

Rosângela Trajano

Disponível em: <www.rosangelatrajano.com.br/index.php/poesias-para-criancas>. Acesso em: maio de 2015.

a) O que as crianças do texto fazem na escola?

_____

b) Como elas se comportam quando brincam?

_____

34. Estas imagens são da mesma escola.

a) Qual é a diferença entre as imagens?

_____

_____

b) Qual imagem ajuda você a conhecer melhor a escola?

_____

35. Um espaço coletivo da escola, utilizado diariamente por você e seus colegas, é o banheiro. Para que todos possam usá-lo sem problemas, é preciso que todos o mantenham em ordem.

A seguir, há uma representação do banheiro escolar. Há seis erros no cuidado com esse espaço. Tente encontrá-los e circule-os com lápis de cor.

36. Por que é importante manter o banheiro limpo?

37. Passamos boa parte de nosso dia na escola, não é? Nela encontramos nossos amigos, professores e funcionários. Com eles compartilhamos esse espaço pelo menos cinco dias da semana. Na escola, realizamos muitas atividades. Por todas essas razões, ela precisa ser um espaço bem organizado. Leia o texto para saber como é a escola do Cláudio.

A escola

Todo dia
na escola,
a professora,
o professor.
A gente aprende
e brinca muito
com desenho,
tinta e cola.

Meus amigos
tão queridos
fazem farra,
fazem fila.
O Paulinho,
o Pedrão,
a Patrícia
e a Priscila.

Quando chega
o recreio,
tudo vira
brincadeira.
Como o bolo,
tomo o suco
que vem dentro
da lancheira.

Quando toca
o sinal,
nossa aula
chega ao fim.
Até amanhã,
amiguinhos,
não se esqueçam, não,
de mim...

Cláudio Thebas. *Amigos do peito*. 15ª ed.
São Paulo: Formato, 2006.

■ Agora, complete as frases abaixo, que trazem situações mostradas no poema.

a) Todo dia, na escola, a gente _____ e brinca muito.

b) Meus amigos tão queridos fazem _____,

fazem _____.

c) Quando chega o recreio, tudo vira _____.

d) Como o bolo, tomo o _____ que vem

dentro da _____.

e) Quando toca o _____, nossa

_____ chega ao fim.

38. Encontre no diagrama o que existe em uma escola.

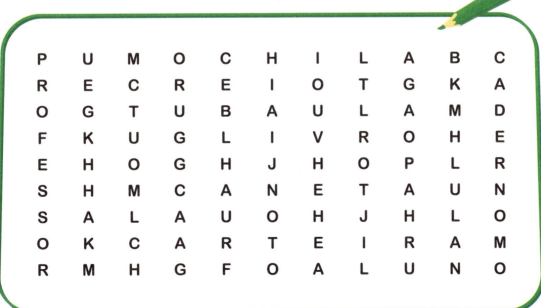

P	U	M	O	C	H	I	L	A	B	C
R	E	C	R	E	I	O	T	G	K	A
O	G	T	U	B	A	U	L	A	M	D
F	K	U	G	L	I	V	R	O	H	E
E	H	O	G	H	J	H	O	P	L	R
S	H	M	C	A	N	E	T	A	U	N
S	A	L	A	U	O	H	J	H	L	O
O	K	C	A	R	T	E	I	R	A	M
R	M	H	G	F	O	A	L	U	N	O

37

Dependências da escola

39. Em geral, as escolas possuem salas de aula, biblioteca, pátio e quadra, mas alguns espaços variam de acordo com a escola, o que faz com que elas não sejam todas iguais. Nós já conhecemos a nossa escola. Que tal conhecermos a escola da Keiko, ajudando-a a chegar aos destinos? Ela está na sala marcada com um **X**.

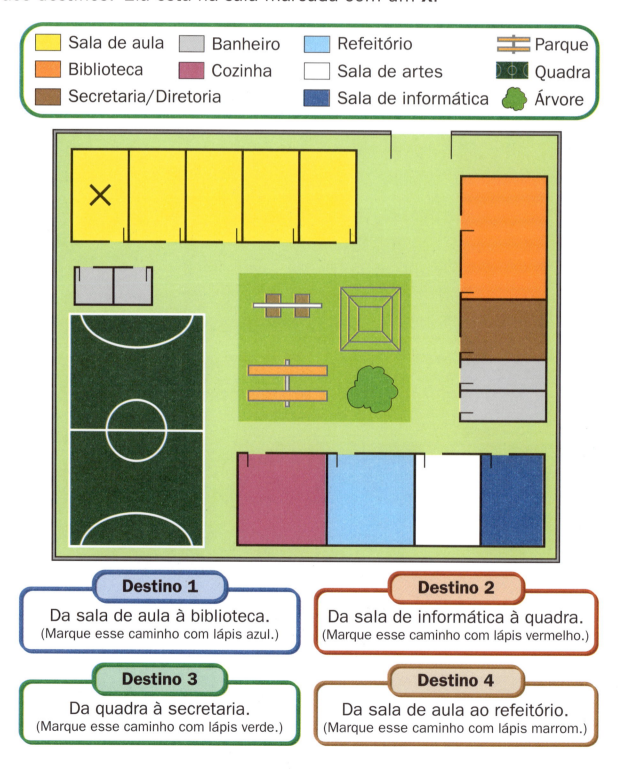

Destino 1
Da sala de aula à biblioteca.
(Marque esse caminho com lápis azul.)

Destino 2
Da sala de informática à quadra.
(Marque esse caminho com lápis vermelho.)

Destino 3
Da quadra à secretaria.
(Marque esse caminho com lápis verde.)

Destino 4
Da sala de aula ao refeitório.
(Marque esse caminho com lápis marrom.)

40. Observe alguns espaços de uma escola.

◼ Quais objetos fazem parte desses espaços na sua escola?

- Biblioteca: _____

- Quadra: _____

- Sala de informática: _____

- Sala de aula: _____

Profissionais da escola

41. Assim como muita gente que você conhece tem uma profissão, as personagens abaixo também têm. Ajude-as a encontrar o que elas necessitam para realizar suas atividades. Para isso, ligue cada funcionário ao seu material de trabalho.

O trânsito

42. Procure no dicionário e copie o significado da palavra **pedestre**.

_____

_____

_____

43. Ligue a placa ao seu significado.

Parada obrigatória

 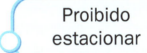
Proibido estacionar

 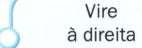
Vire à direita

Velocidade máxima 80 km

Proibido trânsito de bicicletas

Siga em frente

44. Há duas mensagens de proibição nas placas da atividade 43:

Proibido estacionar e Proibido trânsito de bicicletas

O que marca essa proibição é _____.

45. O que o motorista **não** pode fazer no local onde está a placa a seguir?

☐ Deixar os faróis ligados.

☐ Estacionar o carro no local da placa.

46. Leia os quadrinhos e responda às questões.

LAERTE (anedota pública)

a) O motorista dos quadrinhos obedece às placas de sinalização da estrada? Como você percebe isso?

_____

_____

b) Procure e escreva o significado da palavra "Reduza". Se necessário, use o dicionário. Nele, você deve buscar a palavra **reduzir**.

_____

_____

c) Nos quadrinhos, a palavra "Reduza" foi usada no sentido de reduzir? Explique.

_____

_____

d) O que na verdade as placas dos quadrinhos querem dizer?

_____

_____

47. Ligue a cor do sinal com o que ela representa.

Vermelho ○ — ○ O motorista deve esperar.

Amarelo ○ — ○ O motorista pode seguir.

Verde ○ — ○ O motorista deve parar.

48. Observe o cartaz. Depois, responda à questão.

■ Por que foi colocada a imagem de pés no cartaz?

_____

49. Descubra nas sílabas embaralhadas algumas palavras ligadas ao trânsito.

44

50. Observe a ilustração e indique o caminho mais curto para Lucas chegar à escola, respeitando as sinalizações de trânsito.

- Marque na figura o número destes sinais:

    1. Proibido virar à esquerda.
    2. Proibido seguir em frente.
    3. Proibido virar à direita.

51. O que é um semáforo?

_____

_____

_____

52. Pinte as três cores do semáforo. Escreva o que cada cor representa.

53. Observe o cartaz abaixo. Depois, responda às questões.

a) O que significa, para você, correr risco?

b) O que o cartaz diz que devemos fazer?

c) Para quem está dirigida a mensagem do cartaz?

d) Explique a importância de o pedestre atravessar sempre na faixa de pedestres.

54. As ruas de nosso bairro e de nossa cidade são importantes espaços por onde circulam pessoas, carros, bicicletas, motocicletas, ônibus e, às vezes, até caminhões.

Tirinha de Jean Galvão.

■ Agora, responda:

a) Onde as duas crianças da tirinha estão?

_____

_____

b) O que elas estão fazendo?

_____

_____

_____

c) Elas conseguiram parar o carrinho a tempo. O que aconteceria se elas não tivessem conseguido fazer isso?

_____

_____

_____

_____

48

55. As normas de trânsito devem ser seguidas não apenas por motoristas, mas por quem anda de bicicleta (ciclista), por quem anda a pé (pedestre) e também por quem é passageiro, isto é, que está dentro do veículo, mas não é o motorista.

Você conhece as regras de trânsito para quando você é pedestre?

■ Anote suas respostas com um **X**.

Criança pedestre		
Regra	**Conheço a regra**	**Não conhecia**
1. A criança deve andar na calçada, mais próximo aos terrenos e às casas e mais distante da rua.		
2. Atravessar a rua sempre acompanhada de um adulto, na faixa destinada aos pedestres.		
3. Conhecer o funcionamento do semáforo, atravessando a rua apenas quando o sinal estiver verde para pedestres.		
4. Olhar para todos os lados antes de atravessar a rua.		

49

56. Você conhece as regras de trânsito para quando você é ciclista?

■ Assinale suas respostas com um **X**.

Criança ciclista		
Regra	**Conheço a regra**	**Não conhecia**
1. Andar de bicicleta em parques, praças e quintais.		
2. Andar de bicicleta na rua somente com mais de sete anos e acompanhada por um adulto.		
3. A bicicleta deve ter sinalização noturna, retrovisor do lado esquerdo e campainha.		
4. Usar capacete ao andar de bicicleta.		
5. Nas vias em que há ciclovia, andar de bicicleta apenas nesse espaço.		

57. Você conhece as regras de trânsito para quem é passageiro?

■ Assinale suas respostas com um **X**.

Criança passageira		
Regra	**Conheço a regra**	**Não conhecia**
1. Sentar no banco traseiro do veículo, usando cinto de segurança ou em cadeira especial.		
2. Antes de entrar no veículo ou sair dele, verificar se o lugar é seguro e o meio de transporte está parado.		
3. Não transitar na garupa de motocicleta até completar sete anos de idade.		
4. Não jogar lixo pela janela do veículo.		

58. A imagem abaixo mostra um dia no trânsito de uma cidade. Identifique e descreva oito situações em que as regras de trânsito foram desrespeitadas.

1. _____

2. _____

3. _____

4. _____

5. _____

6. _____

7. _____

8. _____

Ruas e quarteirões

59. Leia os quadrinhos.

- Qual foi a ideia inicial?

---

60. Leia o texto.

Você conhece a cidade onde mora?

Para se conhecer uma cidade, existem várias maneiras. Uma boa maneira é consultar o mapa ou a planta urbana. Neles, você vai encontrar informações importantes, como os nomes das ruas, avenidas, bairros. Você pode descobrir também a localização de pontos da cidade, como praças, parques, teatros, igrejas e muitos outros lugares interessantes.

Agora, se quiser uma outra maneira de conhecer uma cidade, é só pensar em andar por suas ruas, suas avenidas, suas praças e parques.

Você já imaginou quantas coisas pode descobrir passeando por sua cidade? Pois é, uma boa caminhada e garanto que você vai voltar cheio de novidades.

<small>Anita Adas. *Ribeirão Preto*. Ribeirão Preto/São Paulo: Palavra Mágica, 2001. p. 26. (Minha Cidade.)</small>

- Uma boa maneira de conhecer uma cidade é:
  - ☐ perguntar para quem conhece.
  - ☐ andar por suas ruas e avenidas.
  - ☐ ter uma planta da cidade.

61. A planta que você vai ver agora é da área central de uma cidade imaginária que poderia muito bem ser a cidade de qualquer um de nós.

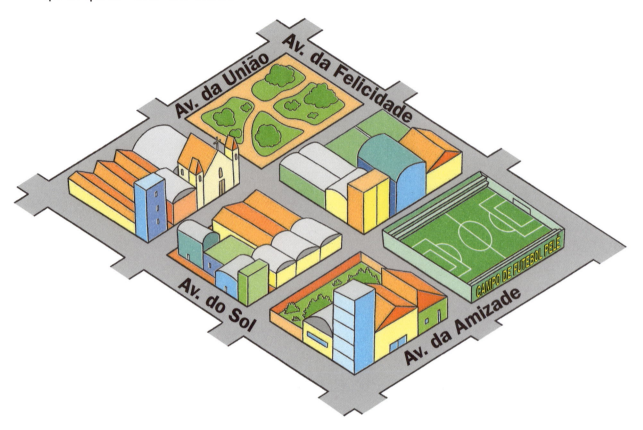

a) Quais são as avenidas que aparecem na planta?

_____

_____

_____

b) Circule na planta os lugares determinados a seguir.
   1. Avenida da Amizade
   2. Avenida da Felicidade
   3. Campo de Futebol Pelé
   4. Igreja

c) Como a palavra **avenida** aparece escrita na planta?

_____

_____

62. Como a planta ou o mapa de uma cidade podem ajudar alguém que a visita pela primeira vez?

_____

_____

_____

_____

63. Agora, responda sobre a sua cidade.

a) Qual é o nome da cidade onde você mora?

_____

_____

b) Qual é o nome do bairro onde você mora?

_____

_____

c) Em que bairro fica a sua escola?

_____

_____

64. Assinale as figuras correspondentes aos nomes do quadro.

cachorros   lanche   toalha
cesta   fonte   flores   bebê

65. Procure no diagrama as palavras correspondentes às imagens.

R	Q	W	E	R	T	T	I	O	P
T	U	L	B	K	J	P	H	F	D
Ã	B	V	A	C	X	Q	Z	A	S
O	N	M	L	G	A	R	I	L	A
V	L	T	A	Q	R	R	D	E	R
F	P	S	N	B	O	T	T	A	F
P	R	A	Ç	A	B	R	U	P	G
G	U	D	A	T	V	A	T	R	H
B	J	R	A	R	C	S	R	T	N
N	M	T	F	U	T	E	B	O	L

66. Observe a imagem a seguir e, a partir das pistas, descubra em qual rua cada criança mora.

a) Artur mora na rua _____.

b) Yasmim mora na rua _____.

67. O texto a seguir trata de um espaço muito importante nas cidades: a rua. Por esse espaço, que abriga variadas construções, podem passar pessoas, carros e animais.

Rua da Via Láctea

É uma rua muito estreita, tortuosa e malcalçada. Para dizer a verdade, é um caminho entre casas. Ali, o tempo parece ter parado. Enquanto no céu voam aviões e helicópteros, e nas ruas vizinhas rodam motos, carros, ônibus, por ela só passam galinhas, cavalos e carroças. E, às vezes, urubus.

Nela permanece, também, o antigo costume dos vendedores ambulantes. [...]

Para a tranquilidade das mães, sobe lentamente a carroça do leiteiro. O burro, já velho, coitado, sofre com os buracos do calçamento; e as latas malfechadas fazem respingar o leite por todo o caminho. Quando chega a noite, todas as luzes se apagam e a rua dorme. Do chão, os respingos de leite se evaporam e formam no céu um caminho de estrelas, sinuoso como a silenciosa rua...

Maria Angela Resende.
Histórias de ruas. Belo Horizonte: Formato, 2001.

a) Como é a rua da Via Láctea? Descreva-a com suas palavras.

_____

_____

_____

b) E as ruas próximas a ela?

_____

_____

c) Por que a autora afirma que, na rua da Via Láctea, "o tempo parece ter parado"?

_____

_____

_____

_____

_____

_____

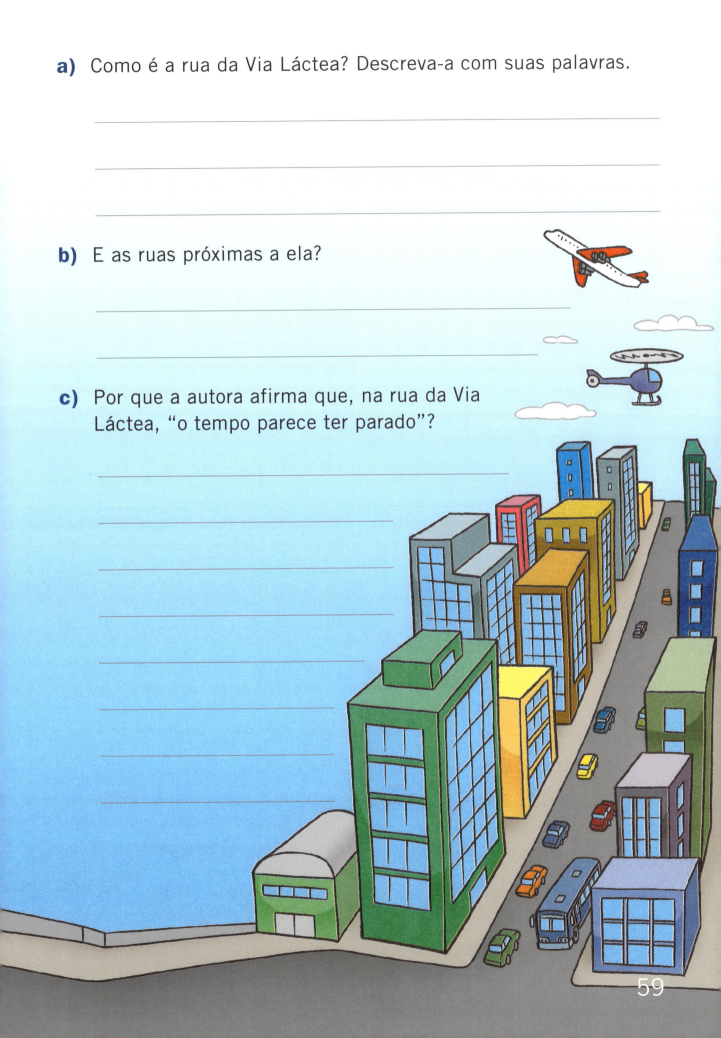

68. Você deve ter percebido que em sua rua há várias construções.

Na rua em que a Ana mora também. Ela vive em um prédio de apartamentos. É o único da rua, que é repleta de casas coloridas. Ana tem muitos amigos na vizinhança. Alguns moram em outros apartamentos do prédio, outros vivem nas casas vizinhas. Veja como é essa rua.

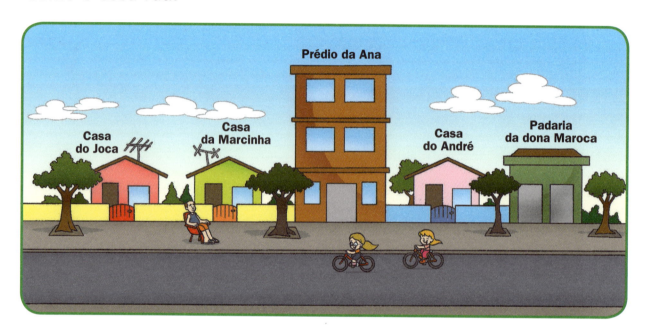

Agora, imagine-se olhando de frente para o prédio da Ana e responda:

a) Qual é o nome do vizinho que mora à direita do prédio da Ana? _____

b) Qual é o nome do vizinho que mora à esquerda do prédio de Ana? _____

c) Quem mora na casa que fica à esquerda da padaria?

_____

d) Quem mora na casa que fica à esquerda da casa da Marcinha?

_____

e) Quem mora à esquerda da casa do André? _____

69. Qual é o nome da rua ou avenida onde está a sua escola?

_____

_____

_____

70. Observe as palavras destacadas no quadro e encontre cada uma no diagrama.

casa	loja
ponto de ônibus	prédio
padaria	igreja
escola	sorveteria
árvore	telefone público
feira	banca de jornal

```
S P O N T O D E Ô N I B U S L S A Y F C
Á K L M N S T P T L M M S A T U T A Y A
R L A E S C O L A B C F E I R A L S R S
V D E B O S M E S C B A Z X V V Q M P A
O F G H I T U P A D A R I A N F G R Á O
R K R I B A N C A D E J O R N A L U L K
E L R L P R É D I O K I L N E P K N I Q
D O A M Q S O R V E T E R I A D U A N Z
E J Ç N T E L E F O N E P Ú B L I C O I
T A O O P I I J I G R E J A U T R F C T
```

61

71. Observe o quarteirão onde fica a casa de Lucas.

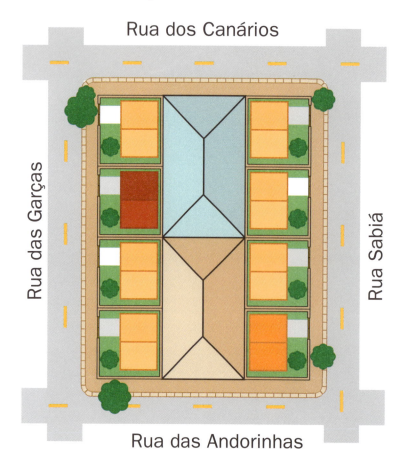

a) Marque com um **X** a casa de Lucas.

b) Há quantas casas nesse quarteirão?

_____

c) A rua da casa de Lucas está entre quais ruas?

_____

_____

d) Marque com um ○ a casa de Ana.

e) Quem mora mais perto da escola?

72. Você deve ter observado que o quarteirão da casa de Lucas tem a forma retangular e está entre quatro ruas.

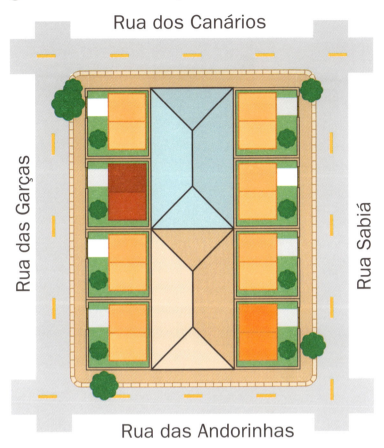

a) Observando novamente o desenho, aponte qual rua não cruza com a rua das Andorinhas.

_____

b) A rua da casa de Lucas cruza com a rua onde Ana mora? Escreva o nome da rua da casa da Ana.

_____

_____

c) No quarteirão de Lucas, quais ruas não se encontram?

_____

_____

73. Existem brincadeiras que atravessam os anos e são conhecidas desde o passado até o presente. Algumas delas exigem muito movimento. Observe as imagens.

Todas essas brincadeiras precisam de espaço. São boas brincadeiras para brincar na rua com seus vizinhos e vizinhas. No passado era comum as crianças brincarem nas ruas.

Agora, observe a rua da fotografia.

Viaduto do Chá, na cidade de São Paulo, SP, nos dias de hoje.

■ É possível brincar nessa rua? Por quê?

_____

_____